27

In 13510.

AF338864

AF338864

VIE

DE

SŒUR MARIE DES ANGES

DE L'ORDRE

DE MARIE-JOSEPH

Hæc est virgo sapiens,
Et una de numero prudentum.

Celle-ci est une vierge sage,
Une vierge du nombre des prudentes.

(Office des Vierges au Bréviaire romain.)

TOURS

IMPRIMERIE A^D MAME ET CIE

—

1848

1849

VIE

DE

SŒUR MARIE DES ANGES

DE L'ORDRE DE MARIE-JOSEPH.

I.

Sœur Marie des Anges, religieuse de Marie-Joseph, a vu le jour dans la petite ville de Civray (Vienne). Sa naissance combla de joie le cœur de son père, qui lui voua, toute sa vie, une affection particulière. Joséphine (c'est le nom de baptême de cette enfant) était un petit ange de grâces et de beauté. Son père l'adorait : sa sollicitude, ses soins furent ceux de la mère la plus tendre et la plus affectueuse ; mais le Ciel mit bientôt à l'épreuve la piété paternelle ; Joséphine, à peine âgée de trois ans, essuya une forte maladie. Grâce aux soins les plus assidus, elle n'y succomba point ; Dieu sans doute la réservait pour lui faire mériter, par les peines et par les souffrances de sa vie, le bonheur du Ciel, qui eût été un pur don, si elle fût morte alors.

Un tempérament très-délicat, une santé faible, furent les suites de cette maladie, et les parents de cette pauvre enfant se décidèrent à lui donner un maître particulier pour faire son éducation. Son intelligence, son activité d'esprit avaient déjà acquis à douze ans plus de développement que ne le comporte cet âge, surtout chez les femmes. En grandissant elle avançait en instruction et en sagesse. Quel bonheur n'était-ce pas pour un père, pour une mère, de voir une telle enfant dont les heureuses dispositions les comblaient de consolation ! La mère, par un motif très-louable, n'avait pas voulu que sa fille fît sa première communion avant l'âge de quatorze ans. C'était afin que la bonne Joséphine comprît mieux l'importance et la sainteté de la communion. Dieu seconda efficacement de

pareilles vues. L'aimable enfant apporta les plus saintes et les plus touchantes dispositions à la réception du corps adorable et du sang précieux de Jésus-Christ. Sa piété, sa ferveur, sa foi, attirèrent alors l'attention de tout le monde. « Ah !
« s'écriait sa mère en ce beau jour,
« ah ! ma chère fille, si le Ciel pou
« vait te conserver toujours dan-
« des sentiments si beaux, que je
« serais heureuse, que tu serais
« heureuse ! »

« Non, dit cette tendre mère, il
« n'est jamais possible que nulle
« enfant soit mieux disposée que
« l'était ma chère fille, le jour de
« sa première communion. » La
suite de la vie de Joséphine est venue

confirmer la vérité de ces paroles. Dès ce jour de bonheur, elle paraît avoir promis à Jésus-Christ de ne vouloir plus vivre que pour lui. Les exercices et les pratiques de piété ont pour elle un attrait ineffable ; son âme, pleine de tendresse et d'amour, y trouve toutes ses délices. Le temps était venu où les parents ont coutume de produire leurs filles dans le monde ; on conduisait donc Joséphine dans les soirées, aux bals, etc., etc. ; mais elle n'y prenait pas goût. Cependant tous les charmes gracieux qui l'embellissaient, en lui attirant toute sorte de louanges, semblaient quelquefois lui devenir l'occasion de certaines tentations mondaines. Son âme y trouvait une cause de mérite devant Dieu, en sachant repousser ses tendances vers le siècle. Combien de fois, pour éviter d'aller dans le monde, pour se priver des joies et des divertissements des hommes, ne s'est-elle pas mise au lit, sous prétexte qu'elle était malade! Le motif excuse ici complétement l'ingénieuse supercherie que cette pieuse fille employait.

Une grande épreuve lui fut donnée, un sacrifice bien douloureux lui fut demandé; son père qu'elle aimait si tendrement, en qui elle épanchait son cœur avec un rare abandon, vint à mourir, encore jeune, d'une fluxion de poitrine. Elle ne se rappelait jamais une si grande perte sans verser beaucoup de larmes.......... Dès lors furent brisés les moindres liens qui semblaient pouvoir l'attacher encore à la terre; sa résolution de quitter le monde devint inébranlable. Restée seule avec sa mère, elle employait une grande partie de la journée à la prière et à la méditation. Elle ne manquait pas d'assister tous les jours au saint sacrifice de la Messe. Lors même qu'elle habitait avec sa mère leur maison de campagne, à la distance d'une demi-lieue de la ville, elle venait tous les matins à l'église, quelque temps qu'il fît. Sa mère cependant la contrariait souvent à ce sujet, et finit par ne plus vouloir qu'elle vînt

seule en ville. Un an ne s'était
pas encore écoulé depuis la mort de
son père, et Joséphine parut plus
triste, plus ennuyée qu'à l'ordinaire.
Sa mère, inquiète, essaya un jour de
connaître clairement quels étaient
ses desseins et ses pensées. « Parle-
« moi, ma fille, lui dit-elle, tu
« t'ennuies, voudrais-tu achever
« ton éducation peut-être dans un
« couvent? — Pas de réponse. —
« Je ne veux pas dire que tu aies
« l'intention de te faire religieuse;
« non, je ne le crois pas, et ton
« éducation achevée, tu reviendrais
« demeurer avec moi. — Ce n'est
« pas sûr. »
La question cette fois-ci en resta
là; mais Joséphine ne cessait de

poursuivre son projet, et d'employer tous les moyens de le réaliser au plus tôt.

Elle n'avait pas encore seize ans, et elle déclara enfin à sa mère qu'elle voulait entrer dans un Ordre religieux. Sa détermination resta invincible devant toutes les observations, devant tous les obstacles. Elle ne laissa pas de repos et de tranquillité à sa mère, qu'elle n'eut obtenu son plein et entier consentement.

II.

Il y a dans la ville de Poitiers une communauté religieuse connue sous le nom de l'*Union Chrétienne*, qui se consacre à l'instruction de la jeunesse ; ce fut là que notre jeune fille entra. Sa piété, sa ferveur, son assiduité à la règle, fixèrent bientôt sur elle l'attention de toute la maison ; mais, hélas ! ses forces ne purent résister à ses travaux ; elle dut, dix-huit mois après, et à son grand regret, quitter cet établissement pour retourner dans la maison maternelle. A la vue de l'épuisement de sa fille, la mère conçut aussitôt l'espoir de la conserver désormais auprès d'elle; mais il n'en fut pas ainsi. Joséphine, à peine rétablie de ses souffrances, exprima le vœu de se retirer encore du monde, où elle ne se trouvait pas à l'aise.

Cette nouvelle retraite ne nous rappelle-t-elle pas la colombe que Noé avait envoyée de l'arche. *Comme celle-ci, dit l'Écriture, ne trouvait pas où poser le pied, elle retourna vers Noé dans l'arche.*

Noé tendit la main, la prit et la remit dans l'arche [1].

Notre jeune fille, fuyant le souffle impur du monde, entra donc dans la *Congrégation de Marie-Joseph* [2].

Là, comme chez les Sœurs de l'*Union Chrétienne*, on entoura notre jeune postulante d'égards et de bienveillance ; l'aménité de ses mœurs, la douceur de son carac-

[1] Genèse, chap. VIII, ℣. 9.

[2] Au Dorat (Haute-Vienne). Cette Congrégation, vouée spécialement au service des prisons, rend des services incontestables dans ces établissements. Partout on est unanime à accorder aux Sœurs de Marie-Joseph les hommages que mérite leur dévouement. Elles sont à la tête de plus de vingt établissements, entre autres de l'Ouvroir des jeunes libérés, et d'une maison de refuge, à Paris.

tère, la tendresse de son cœur, lui gagnèrent aussitôt l'affection de toutes ses compagnes, ainsi que de ses supérieures. Elle ne tarda pas à faire sa profession ; ensuite on l'envoya successivement dans les prisons de Montbrison, de Vannes, de Fontevrault, et de Bordeaux, où elle fut nommée l'assistante de la Supérieure ; dans toutes, Marie des Anges se distingua par une vie d'activité et de zèle, qui n'était pas toujours selon la prudence ; car elle eut promptement épuisé sa santé. C'est surtout à Bordeaux qu'elle acheva de ruiner ses forces. Un malheureux voyage qu'elle avait entrepris, avait aussi porté un coup mortel à ses jours. Descendue sur la route, dans

une auberge, pour y prendre une
légère réfection, elle y rencontra des
hommes à figure suspecte ; et à l'instant même un transissement affreux
s'empara d'elle, le sang fuit de son
cœur.... De retour à Bordeaux, elle
ne dit rien à personne de cet accident,
et peu de temps après elle fut attaquée
d'une cruelle maladie qui la condui-
sit jusqu'aux portes du tombeau. Les
soins assidus et éclairés qu'on lui
donna, l'arrachèrent du danger ;
mais elle ne put échapper aux suites
de son mal, qui ont été des douleurs
atroces et des souffrances intérieures
qu'elle a conservées le reste de sa
vie.

Une fois mise hors de péril, et
alors que commençait une convales-

cence qui paraissait devoir être lon-
gue, la bonne Sœur des Anges alla,
avec la permission de ses Supérieurs,
respirer l'air de la campagne ; elle se
rendit auprès d'un sanctuaire de la
sainte Vierge, très-renommé dans la
contrée par les nombreux pèlerinages
qui s'y font, et par les grâces signa-
lées qu'on y reçoit [1].

Au bout d'un mois elle s'en revint
non pas guérie, mais jouissant de
plus de forces et d'une santé satis-
faisante. Tous les instants de sa journée, à Verdelais, étaient partagés
entre le travail, la promenade et
des exercices de piété ; mais la prière
y avait la plus large part. Sœur Ma-

[1] A Verdelai, à 8 lieues de Bordeaux.

BIBLIOTHÈQUE NATIONALE
R. F.

rie des Anges se rendait d'heure en heure à la chapelle, pour y adorer Dieu, et y épancher son cœur aux pieds de Jésus-Christ. Sa tendre dévotion envers la sainte Vierge trouva surtout auprès de Notre-Dame de Verdelais un aliment abondant. Ses sentiments de piété y acquirent une nouvelle force et une nouvelle ardeur. Quelques-uns des pieux mouvements de son âme, confiés au papier, témoignent hautement de ses édifiantes dispositions.

Je cite textuellement :

« Notre-Dame de Verdelais, 27 juin 1846.

« J. M. J.,

« Adieu, douce Vierge Marie!
« adieu, ma bonne et tendre Mère!
« adieu, mon auguste et toute ai-
« mable Maîtresse! adieu! je quitte,
« oh! oui, je quitte trop tôt votre
« sanctuaire béni!

« Vous dirai-je, mon aimante
« Mère, tout ce que j'éprouve en
« ce moment de reconnaissance et
« d'amour pour vous? Mais jamais,
« jamais je ne pourrai vous expri-
« mer tout ce que sent mon pauvre
« cœur, ni vous remercier aussi di-
« gnement que je désirerais le faire.

« Bonne Mère, je serai toujours
« votre fille bien douce, bien pa-
« tiente, bien humble, bien pure,
« bien mortifiée, bien recueillie,
« bien attentive à la prière......

« Bonne Mère, chaque jour, en
« me levant le matin, et le soir en
« me couchant, je demanderai res-
« pectueusement votre sainte béné-
« diction, en récitant, à genoux,
« trois *Ave, Maria* [1].

« Bonne Mère, oh! vous m'assis-
« terez d'une assistance toute spé-
« ciale; et moi, de mon fond si dis-
« traite, si froide, si sèche, si dégoû-
« tée dans l'oraison et dans tous mes

[1] Sœur Marie des Anges resta toujours fidèle
à cette promesse.

« exercices religieux; moi, douce
« Vierge Marie, forte de votre se-
« cours, je prierai, je réfléchirai,
« je méditerai avec plus de soins et
« de fruits pour mon âme.

« Bonne Mère, vous le savez, je
« me suis donnée à vous en qualité
« d'*Esclave de Jésus en Marie;* je
« me suis, par conséquent, consa-
« crée à vous tout entière, sans
« partage, sans retour, pour jamais;
« donc vous, en retour de mon of-
« frande, soyez à ma disposition,
« douce Vierge Marie, mais tout
« entière, mais sans partage, mais
« sans retour, mais pour tou-
« jours, oh! oui, toujours, tou-
« jours!!!

« Bonne Mère, mes pensées doré-

« navant seront vos pensées ; mes
« paroles, mes actions, seront les
« vôtres ; tout mon être sera con-
« stamment aussi intérieurement
« uni que possible à votre être....
« Ce ne sera plus moi, non, plus
« moi qui vivrai désormais ; c'est
« vous, auguste Maîtresse, qui agi-
« rez, qui vivrez dans votre fille et
« toute soumise esclave......

« Oh ! les belles chaînes dont je
« me suis chargée ! oh ! la délicieuse
« alliance que j'ai faite !

« Oh ! l'étroite, l'inséparable
« union que j'ai contractée avec la
« douce Vierge Marie !

« Désormais le cœur immaculé
« de cette Vierge si pure sera le
« creuset où toutes mes pensées,

« tous mes désirs, toutes mes pa-
« roles, toutes mes actions, tous
« mes mérites, toutes mes vertus,
« toute mon existence iront se dé-
« pouiller de tout alliage hétéro-
« gène. Là, sans cesse, je plongerai
« mon cœur si misérable et si ma-
« lade ; là, je trouverai sentiments
« nobles, vie des Anges, amour
« pour mon divin Jésus ; mais amour
« sincère, amour ardent, amour
« généreux, amour jusqu'à la mort
« et pour l'éternité !

« Bonne Mère, c'est avec autant
« d'exactitude que de bonheur, que
« je réciterai chaque jour mon cha-
« pelet.

« Bonne Mère, dès ce moment,
« j'unis toutes mes communions aux

« vôtres ; vous ferez la préparation
« de mon cœur, vous serez mon ac-
« tion de grâces, vous tiendrez ma
« place auprès de votre divin Fils.

« Cent fois le jour, tendre Mère,
« je vous couvrirai de mes caresses
« filiales, je baiserai respectueuse-
« ment votre sainte image, je la
« presserai amoureusement sur mon
« cœur ; je vous dirai bien sincère-
« ment : Mon aimable Maîtresse,
« mon auguste Reine, ma Mère ché-
« rie, je vous aime, oui, je vous ai-
« merai toujours, toujours !

« Bonne Mère, je pratiquerai de
« toutes mes forces la charité à l'é-
« gard de mes Sœurs ; je donnerai
« constamment le bon exemple de
« la régularité......

« Je veux vous faire aimer par
« tous les cœurs purs et bien aimants
« que je rencontrerai sur mon pas-
« sage…. Je veux *n'aimer que vous*,
« après Dieu! Voilà, douce Vierge
« Marie, quelques-uns des senti-
« ments qui m'animent.

« Ces pratiques et résolutions qui
« m'ont été suggérées, je les dépose
« humblement à vos pieds sacrés, et
« je promets d'y être toujours fidèle.
« Bénissez-moi, Mère chérie! oh!
« votre fille si pauvre et si faible a
« un bien pressant besoin de votre
« maternelle bénédiction! Bénissez
« aussi, d'une bénédiction spéciale,
« ma sœur en votre saint esclavage!
« qu'aidées toutes les deux de votre
« puissant secours, nous volions

« dans les sentiers de la perfection
« religieuse !

« Adieu, Mère bien-aimée ! je
« n'oublierai jamais vos faveurs, ni
« votre sanctuaire béni, ni les quel-
« ques jours que je viens de passer
« si près de votre tendre cœur !!!

« Une de vos Esclaves privilégiées.

« Ou mourir dès ce moment ! ou
« vivre d'amour pour la sainte
« Vierge !!!

« J. M. J. »

Des sentiments si tendres et si
pieux ne furent pas l'effet d'une dévotion éphémère ; Sœur des Anges
les conserva jusqu'à son dernier sou-

pir; sa vie tout entière était la fidèle traduction de son âme, toujours haletante d'amour pour sa divine Maîtresse, dont elle s'efforça constamment d'imiter les vertus.

La prison de Bordeaux conservera longtemps le souvenir des exemples de résignation, de patience, de douceur, d'affabilité toujours égale, que donna notre pieuse Marie des Anges. Elle emporta avec elle les regrets de tous ceux qui la connaissaient, mais ceux surtout de sa digne Supérieure qui l'aimait et la chérissait tendrement. Ces deux âmes pieuses s'étaient comprises.

III.

Il y avait bientôt trois ans que cette bonne Sœur était à Bordeaux, quand ses Supérieurs généraux jetèrent les yeux sur elle pour la nommer Supérieure des Sœurs de Marie-Joseph, appelées dans le Pénitencier de Tours. On ne pouvait faire un meilleur choix, surtout pour fonder ce nouvel établissement; aussi son âge peu avancé ne fut-il pas un obstacle devant ses vertus, son intelligence et sa fermeté de caractère.

Elle arriva à Tours le premier jour d'octobre 1847. Sa santé alors était assez bonne; mais, hélas! le fardeau dont elle était chargée, les embarras attachés, surtout dans les commencements, à sa nouvelle charge, des inquiétudes de toute sorte firent une funeste impression sur cette âme si tendre et si sensible. Sans la vertu d'obéissance qu'elle possédait à un haut degré, elle ne fût pas restée seulement quinze jours dans la prison de Tours. Mais le triple lien de l'obéissance, de la charité et de la piété la retint captive et prisonnière au milieu des captifs et des prisonniers de la loi humaine ; son cœur généreux , son zèle pour le soulagement de ceux qui souffrent , sa compassion pour les âmes égarées la firent triompher de tous les obstacles. Dieu avait mis aussi sur son chemin une âme qui comprit la sienne, et ses nouvelles fonctions lui devinrent chères , malgré les épreuves qu'elle eut à subir. Toutefois que de larmes ont coulé la nuit de ses yeux ! quelle violence elle se fit !!

Et pourtant, quelle âme mérita jamais moins qu'elle tant de chagrins et tant de contradictions ! Dieu sans doute voulait lui faire acquérir de plus grands mérites, en ajoutant à ses souffrances du corps les tourments de l'esprit ; mais le Ciel, dans sa justice, saura glorifier un jour les vertus de cette âme angélique, méconnues par des hommes sans cœur et sans élévation dans les sentiments.

Le courage ne lui manqua jamais ; elle le puisait dans la prière et dans l'humilité chrétienne. Cependant sa santé se ressentit bientôt de tous ces accidents.

Un violent dérangement intestinal, qu'elle ne soigna point, commença par abattre une partie de ses forces. Ce fut plus tard et par obéissance, qu'elle consentit à faire appeler un médecin ; mais le mal était déjà invétéré, et il résista longtemps aux meilleurs remèdes.

L'estomac aussi ne tarda pas de ne plus fonctionner régulièrement ; souvent il ne pouvait supporter la moindre quantité d'une nourriture légère. Les soins assidus d'un habile médecin parvinrent quelquefois à tempérer ces souffrances ; mais la médecine était condamnée à ne pouvoir guérir un mal qui remontait déjà à plus de trois ans. On ne saurait dire combien a souffert Sœur Marie des Anges ; la nuit, destinée à procurer aux hommes du repos et du calme, occasionnait presque toujours en elle une recrudescence de vives douleurs ; et le jour, elle souffrait encore.

Cependant un pareil état de langueur ne l'empêcha jamais d'être tout entière à ses obligations, qu'elle remplît constamment avec un zèle, il faut le dire, trop ardent. Elle savait trop souvent tromper la vigilance de son Directeur spirituel, qui lui ordonnait tous les jours de se reposer et de soigner sa santé ; mais elle voulait la première donner à ses Sœurs l'exemple de la régularité. Aussi la voyait-on toujours la première à tous les exercices de piété, la première à travailler, la première à se trouver au milieu des prisonnières, qu'elle aimait à consoler et à instruire de leurs devoirs religieux. Souvent ses forces lui permettaient à peine de marcher, et si on lui conseillait alors de prendre un peu de repos, elle répondait : « Mais je n'ai pas vu les

« prisonnières aujourd'hui ; il faut
« que j'aille les voir…. » Devenue
trop esclave de ses devoirs, elle re-
fusait, malgré tous les conseils, de
faire tous les jours une courte promenade qu'exigeait l'état de sa santé.

Au milieu de ses douleurs presque
continuelles, Sœur Marie des Anges
conserva toujours une égalité parfaite de caractère ; son autorité était
celle de la douceur et de l'amour.
Mère par sa place, elle l'était bien
davantage par la tendresse et la compassion envers ses Sœurs qu'elle
appelait ses filles. Les nobles sentiments de son cœur, la tendresse de
son âme extrêmement affectueuse,
brillaient dans ses yeux et sur tous
ses traits, dont la beauté était relevée

par un doux sourire, qui affrontait les plus vives souffrances comme les plus amers chagrins.

Douce, affable, honnête envers tout le monde, elle faisait admirer en elle la force de la vertu et de la religion. Quel courage en effet, quelle patience, quelle énergie elle avait en partage !

IV.

Néanmoins ses forces vinrent tout à fait à lui manquer; le lundi de la Pentecôte, 12 juin, ses souffrances augmentèrent en prenant un nouveau caractère; sa poitrine se trouva fortement oppressée, la fièvre vint s'ajouter à une grande agitation; notre pauvre Sœur se mit au lit, hélas! pour n'en plus sortir. Dès ce jour, le médecin reconnut une pulmonie, qui ne laissait plus d'espoir de guérison. Une toux affreuse et opiniâtre, datant de trois à quatre mois, avait été le signe précurseur de cette cruelle maladie. Le mal alla augmentant de jour en jour; une fièvre lente consumait les forces de la malade. Plusieurs médecins, les plus habiles, vinrent auprès de Sœur Marie des Anges; tous furent unanimes sur la nature et les caractères du mal. Impuissants à procurer une guérison quelconque, ils dûrent s'attacher à produire du moins tout le soulagement possible; ce que fit un médecin avec un grand zèle et des soins bien assidus.

On laissa ignorer à la malade les dangers de sa position ; aussi conserva-t-elle presque jusqu'à la fin l'espérance de guérir. Du reste, elle n'était pas la seule qui se fît illusion ; nous tous, qui l'entourions de nos soins et de notre amitié, malgré l'avis formel des médecins, aimions toujours à espérer.

Il faut l'avouer, ce n'était rien moins qu'un miracle que nous demandions à Dieu, en le priant de daigner rendre la santé à Marie des Anges ; mais il est devenu évident que les desseins du Ciel étaient bien arrêtés sur elle, car on a prié en sa faveur continuellement et de tout côté, à Notre-Dame-des-Victoires, à Paris ; à Corps, où sont les deux petits enfants que la sainte Vierge honora d'une apparition sur la montagne de la Sallette; à Tours, dans tous les monastères; enfin, trois ou quatre fois la semaine le saint sacrifice de l'autel était offert à son intention. Comme la malade ne sentait pas d'amélioration dans son état de souffrances, elle disait souvent :

« Eh bien! puisque toutes ces prières
« ne me délivrent point de ma ma-
« ladie, elles m'obtiennent du moins
« la patience et la résignation. »

Sœur Marie des Anges elle-même, malgré sa langueur et son abattement, qui augmentaient tous les jours, ne manqua jamais de faire à une heure fixe de la journée, avec Sœur Chrysostôme, son infirmière, toutes les neuvaines que l'on faisait pour elle. Chaque fois, les prières terminées, elle baisait respectueusement les pieds de sa divine Mère : c'est une image de la sainte Vierge tenant l'enfant Jésus entre ses bras, découpée en forme de croix ; on y lit écrits ces mots dans l'auréole :

Dans la Croix est le salut ;
Dans la Croix est la vie.

Oh ! la sainte Vierge, que Sœur Marie des Anges l'aimait !!! toute son âme, tous ses sentiments étaient à Marie ; son bonheur, sa joie était de penser à Marie, de parler de Marie. Voici le langage qu'elle tenait à son auguste Maîtresse.

« Je viens aux pieds de ma
« Mère, je vais la prendre par son
« faible.

« O cœur de Marie, cœur le plus
« tendre, le plus digne d'amour, je
« viens y puiser l'amour du divin
« cœur de Jésus-Christ. Vous êtes le
« lit sacré sur lequel cet aimable
« Sauveur a pris souvent un doux
« sommeil ; vous êtes la voie par la-
« quelle je veux aller à mon divin
« Jésus, et le canal mystérieux par
« lequel ses grâces s'écoulent et par-
« viennent jusqu'à moi. O bonne
« Mère, je viens vous demander une
« grâce : vous savez ce que mon cœur
« désire.... Laissez-vous toucher, ô
« mon unique refuge ; donnez-moi
« votre amour !.... Mes prières et

« mes larmes ne monteront pas en
« vain au pied de votre trône ; vous
« voyez en moi tous les besoins ;
« vous êtes ma Mère.... vous m'ai-
« mez, je le sais.... Le souvenir de
« vos bienfaits est gravé en traits de
« feu dans le plus intime de mon
« cœur, et ma reconnaissance sera
« éternelle. Mettez le comble à tant
« de grâces, enlevez tout à fait ce
« cœur que vous voulez remplir,
« placez-le pour toujours au milieu
« du vôtre.

« Cœur plein de bonté ! embrasez
« le pauvre cœur de votre Esclave
« des bienheureuses flammes dont
« vous êtes consumée ; je m'unis à
« toutes vos chères Esclaves, qui
« trouvent leur consolation et leurs

« délices à vous louer et à vous ai-
« mer.

« Daignez encore, ô tendre Mère,
« jeter un regard de bonté sur toute
« ma famille, sur ceux de ses mem-
« bres qui ne pensent pas à vous. »
Toute la tendresse de l'âme de
Marie des Anges ne se révèle-t-elle
pas dans ces lignes? Quelle foi, quel
pieux amour, et combien la sainte
Vierge devait favoriser une telle dévotion envers elle! Notre pieuse Sœur
semble nous l'avouer elle - même :
« Je ne croyais plus au bonheur,
« s'écriait-elle un jour, et j'avais dit :
« Pour moi, la vie c'est le chagrin,
« c'est la douleur.... Mais à ce cri
« de ma misère, une voix répondit :
« Espère!.... C'était la voix de Marie

« et de son fils. Sa main, prenant la

« main bénie de sa mère, me bénis-

« sait avec un doux sourire ; et moi

« je m'écriais : ô Jésus ! ô Marie !

« que vos deux noms sacrés jusqu'à

« mon dernier jour soient gravés

« en mon cœur comme un chiffre

« d'amour. »

Fidèle à ce vœu, Marie des Anges ne cessa, pendant toute sa maladie, jusqu'à ses derniers instants, de répéter ces noms sacrés de Jésus et de Marie, auxquels venait se joindre celui de saint Joseph. Elle couvrait souvent d'amoureux baisers un petit crucifix en argent que son confesseur lui avait remis, et pour ne pas rendre jalouse la sainte Vierge, disait-elle, elle pressait sur son cœur la médaille de l'*Immaculée Conception*, qu'elle ne se lassait point non plus de baiser affectueusement.

On la voyait encore faire le signe de la croix, chaque fois qu'elle prenait même la moindre quantité d'aliments. Hélas! l'amour et l'exemple de Jésus crucifié lui étaient d'un secours bien nécessaire; car en continuant de rester au lit, où sa maigreur augmentait de plus en plus, elle ne tarda pas d'avoir le corps déchiré..... mais pas un mot de murmure, pas un signe d'impatience; elle garda le silence pendant huit jours au moins sur des plaies toutes vives que l'on chercha plus tard à adoucir. La nature souffrait beaucoup; mais l'âme de Sœur des

Anges se fortifiait dans la prière, et surtout dans la sainte communion. Lorsqu'on lui demandait en quelle partie du corps elle souffrait davantage : « Ah ! répondait-elle, je souffre « dans tout le corps. » Hélas ! oui, nous voyons combien vous souffrez ; si nous pouvions vous soulager.

« Mais, lui disait souvent quelqu'un, « votre lit est votre croix sur laquelle « vous devenez conforme à Jésus- « Christ ; vous savez que notre « conformité à ce divin modèle est « néessaire pour le salut de notre « âme ; ayez donc courage, ayez pa- « tience, vous serez abondamment « récompensée. »—« Eh ! mon Dieu, « je le sais bien, en souffrant, j'ai « ce que je mérite, et en souffrant

« avec résignation, je ne fais que
« mon devoir. »

Quand il ne fut plus possible de
se bercer désormais d'espérance, son
confesseur lui parla de notre entier
abandon à la volonté du Ciel ; la vi-
vacité de son imagination exigeait
que l'on prît quelques précautions ;
cependant sa résignation était parfaite. Combien de fois dans le cours
de sa maladie n'a-t-elle pas fait à
Dieu le sacrifice de sa vie ! Mais mourir à vingt-cinq ans !! ah ! comme la
nature humaine tout entière se cabre
contre sa propre destruction si pré-
coce ! Quel autre châtiment infligé
au péché des hommes égale la mort ?
Ainsi malgré sa soumission à Dieu,
notre jeune Sœur avait le désir ar-

dent et fort naturel de guérir et de vivre plus longtemps. On comprend alors quels soins il fallait pour ne pas troubler une âme d'ailleurs si calme et si tranquille. Un jour elle dit à son confesseur : « Mon père, croyez- « vous que je me remette de ma ma- « ladie ? » Et ne lui laissant pas le temps de répondre, elle ajouta aussi- tôt : « Ah! je vous en prie, ne m'é- « pouvantez pas, ça me ferait mal. » Quelques paroles d'espérance conso- lèrent son âme et tranquillisèrent son esprit. Pourquoi aurait-on jeté, par l'annonce d'une mort prochaine, le trouble et la crainte dans un cœur si pur et si aimant, dont la joie et le bonheur se manifestèrent jusqu'au dernier moment par un rire toujours

innocent et suave? Pourquoi aurait-
on attristé une âme qui, en tout cas,
a toujours voulu ce que Dieu voulait? les âmes les plus fortes et les
plus pieuses ne peuvent souvent
contempler en face la mort.

Le dimanche, 6 du mois d'août,
Sœur Marie des Anges reçut, sans
beaucoup d'émotion, le saint via-
tique et le sacrement des mourants ;
elle s'unit avec une piété touchante
à toutes les prières ; ses Sœurs, ses
chères filles, à genoux et en larmes,
entouraient son lit. La cérémonie
achevée, et quand toutes les Sœurs
se furent retirées, excepté l'infirmière, la malade dit à celle - ci :
« Oh! ma chère fille, je suis bien
« contente d'avoir enfin reçu les

« derniers sacrements ; mais je suis
« triste, je suis donc bien malade? »
Puis les larmes lui coulèrent des
yeux. Il ne faut pas en être surpris,
son âme était si sensible, si délicate,
si impressionnable !! Mais ce ne fut
qu'un léger nuage qui disparut aussitôt, sans laisser après lui aucune
trace. Une joie pure continua de
briller sur son front, dans ses yeux
et sur tous ses traits, dont la fraî-
cheur, sauf l'amaigrissement, fut
respectée, même jusqu'après la mort,
par l'horrible maladie qui la consumait.

Cette dernière semaine, les souffrances augmentèrent, l'oppression
devint plus forte, l'agitation plus
grande ; la nature, en lutte avec le

trépas, ne pouvait presque plus trouver dans le lit une position convenable....

Pieuse Sœur des Anges, elle souffrait si violemment !

La parole ne lui avait pas encore entièrement manqué; mais elle parlait à voix très-basse.

Pour la première fois depuis sa maladie, elle éprouva, le lundi 7 août, un violent accès de désespoir, dont son confesseur n'eut connaissance que le lendemain; la tentation durait encore. Oh! comme le prêtre alors redoubla d'efforts pour calmer cette pauvre âme; pour relever ses forces, il lui dit : « Eh ! ma chère « enfant, est-ce que vous avez peur « de la mort ? » — « Oui, tout le

« monde en a peur ; les jugements
« de Dieu sont si terribles !...... »

Elle se confessa, et le calme le plus serein reparut à l'instant même dans cette belle âme pour ne la plus quitter.

Il fut bien difficile au confesseur de Marie des Anges d'apporter plus d'assiduité et d'attention auprès d'elle dans ses derniers moments ; il ne la quittait presque pas depuis deux mois. Cependant il lui prodigua ses soins autant qu'il le put faire ; il lui disait souvent pour la fortifier :

« Mon enfant, ne craignez point,
« je suis prêtre, je suis votre Père,
« Dieu vous a confié à moi, je vous
« suis attaché, vous le savez, je ne
« vous abandonnerai pas........ »

Ces quelques paroles dites avec la plus grande sincérité consolaient son âme.

Le vendredi soir, l'oppression fit de grands progrès : vers onze heures de la nuit, l'aumônier se rendit auprès de Sœur Marie des Anges, qui conservait toujours sa pleine connaissance. Elle se confessa encore et reçut l'indulgence plénière de la Bonne mort ; puis une autre encore réservée, *in articulo mortis*, à ceux qui portent le cordon de saint François de Paule. Elle avait eu le bonheur de recevoir ce signe de dévotion le jour de la Pentecôte. Ces indulgences, qu'on venait de lui appliquer, furent pour elle la source d'un nouveau bonheur. Ses Sœurs lui ayant

dit alors : « O bonne mère! le bon Dieu
« vient de vous accorder de grandes
« grâces. » Elle répondit : « Ah !.
« oui, je suis contente, heureuse. »
Et, au rapport des Sœurs, elle tres-
saillit de joie dans son lit de douleur.

A quatre heures du matin, comme
le mal s'aggravait de plus en plus,
on fit les prières de la recommanda-
tion de l'âme; Sœur des Anges s'unit
à nous. Puis, vers cinq heures, la
messe des agonisants fut dite à son
intention; les Sœurs y communiè-
rent aussi pour leur chère mère.
Dans la matinée, elle reçut de nouveau le Sacrement de Pénitence. Le
mal faisait toujours de rapides progrès, la poitrine se trouva excessi-

vement engagée ; quelles angoisses, quelles souffrances éprouvait la malade !!

On était à quatre heures de l'après-midi, quand, pour la dernière fois, lui fut encore accordé le doux et consolant bienfait de l'absolution. Elle dit alors à son confesseur : « Je « me meurs, je me meurs ! » — « Ah ! « lui répondit celui-ci, ma bonne « fille, ne vous troublez pas, Dieu « vous aime bien ; une belle cou- « ronne vous est réservée dans le « ciel ; vous avez tant souffert, vous « avez toujours aimé Jésus-Christ et « la sainte Vierge de tout votre « cœur ; courage, confiance. » Elle entendait, elle comprenait, et ses lèvres se remuaient pour dire avec le confident de son âme ces pieuses aspirations :

« O Jésus, soyez mon Sauveur,
« ayez pitié de mon âme.

« O Marie, ma bonne et tendre
« Mère, protégez-moi.

« O saint Joseph, priez pour moi,
« afin que Dieu me donne son saint
« Paradis. »

L'agonie proprement dite commença bientôt ; elle fut douloureuse : on ne pouvait voir la pauvre Sœur souffrir si vivement sans que le cœur en fût déchiré.... Mais une sécurité parfaite remplissait la moribonde ; les angoisses de la mort qui l'étouffait ne pénétraient pas dans son âme, le sourire était toujours dans ses yeux et sur ses lèvres.

Sœur des Anges reçut encore à sept heures du soir la visite de son confesseur, qui ne la quitta qu'une demi-heure après. Ses Sœurs, abîmées dans la tristesse, entouraient son lit.... Le médecin, qui lui avait prodigué des soins si assidus, voulut aussi jusqu'à la fin témoigner son intérêt à la malade. Sur son ordre, l'infirmière, Sœur Chrysostôme, passa dans la bouche de sa bien-aimée Mère quelques gouttes de vin. Celle-ci alors fit signe que cela lui faisait du bien, et sur ses lèvres parut un dernier sourire qu'ont dû recueillir la sainte Vierge et les Anges.

Trois soupirs entrecoupés annoncèrent la fin de ses souffrances, et sa tête s'inclina doucement sur l'épaule de Sœur Chrysostôme, qui tenait sa chère Mère entre ses bras.... Ainsi celle qui, entre les Sœurs, posséda les secrets souvent pénibles de sa mère pendant sa vie, reçut aussi son dernier baiser et son dernier souffle.

Le jour de la mort de Sœur Marie des Anges a été un samedi, 12 août 1848. En se rappelant la grande dévotion de cette pieuse fille envers la sainte Vierge, on doit, ce me semble, regarder comme une faveur de son auguste patronne qu'elle soit décédée le samedi, jour consacré au culte de la Reine des cieux.

Ce jour a marqué d'une manière toute particulière dans la vie de Marie des Anges. Ainsi est-ce un samedi qu'elle quitta le monde pour la pre-

mière fois, lorsqu'elle entra dans la Congrégation de l'Union chrétienne ; est-ce encore ce même jour que l'Ordre de Marie-Joseph la reçut au nombre de ses membres. Le samedi était pour elle un jour de prédilection ; elle aima, toute sa vie religieuse, à l'honorer par la sainte Communion. « Ah ! disait-elle sou-
« vent, je demande surtout à la
« sainte Vierge la grâce de faire
« une bonne mort, de mourir entre
« ses bras !... » Cette prière, ce vœu répété si souvent, surtout pendant la maladie de Sœur des Anges, fut exaucé de la miséricordieuse mère de Dieu. Elle a protégé, consolé puissamment son humble et pieuse servante. C'était quelques jours avant

sa mort : Sœur Marie tenait depuis longtemps ses yeux fixés attentivement sur une image de la très-sainte Vierge placée au pied de son lit ; une Sœur lui dit : « Elle est bien belle, « cette gravure, ma mère. » — « Oh ! oui, qu'elle est belle, qu'elle « est belle, la sainte Vierge ! Laissez- « moi la voir, la considérer ! qu'elle « est brillante ! Que je suis heu- « reuse ! »

Elle fit détourner les rideaux de son lit, pour qu'elle jouît mieux de cette vue.

Morte le samedi à la huitième heure du soir, elle reçut la sépulture chrétienne le lundi à midi, veille de l'Assomption de la sainte Vierge. Les Membres de l'administration du

Pénitencier, le Président du Tribunal civil, le Procureur de la République assistaient au convoi funèbre, en faisant l'éloge de toutes les vertus de la défunte. Des Sœurs en assez grand nombre des communautés de la ville accompagnèrent aussi les restes mortels de Sœur des Anges; trois d'entre elles, appartenant à trois Ordres différents, et une Sœur de Marie-Joseph, tenaient les cordons du poêle; de pieuses jeunes filles, habillées en blanc, portant des cierges, avaient pris place dans la cérémonie.

Une scène déchirante eut lieu au cimetière, lorsque la fosse reçut la dépouille mortelle de Marie des Anges.... De longs cris entrecoupés de sourds gémissements, succédèrent tout à coup au chant grave de l'Église; c'était la pieuse Sœur Chrysostôme qui exhalait sa vive douleur, à la pensée qu'elle ne reverrait plus sur cette terre une mère tendre et chérie, qu'elle aimait si affectueusement......

Sœur Marie repose à l'endroit qu'elle avait désigné elle-même, un jour qu'accompagnée d'une de ses Sœurs elle était allée au cimetière.

Sur la croix plantée au-dessus de la fosse, on a écrit ces mots :

Sœur Marie des Anges, Supérieure des Sœurs de Marie-Joseph au Pénitencier de Tours, morte le 12 août 1848, âgée de 25 ans.

L'amour de Dieu a été la lampe de son cœur, et la sainte Vierge Marie, son trésor et son modèle.

(Saint Bernard.)

Deux petites statues de l'Ange gardien et de la sainte Vierge sont renfermées, avec une couronne blanche, dans un cadre placé au milieu de la croix.

Un treillage environnant la fosse, préserve les fleurs dont la tendresse des Sœurs embellit et orne le tombeau de leur mère vivement regrettée.

Tours. — Impr. Mame.

www.ingramcontent.com/pod-product-compliance
Lightning Source LLC
Chambersburg PA
CBHW051146050726
47594CB00003B/1275